Introduzione

Dinanzi alle opere di van Gogh si rimane immediatamente colpiti dal colore, vorticosamente steso con pennellate corpose e definite, conferendo alle figure intense cariche espressive e passionali, come nei suoi celebri autoritratti. Tutta l'opera di van Gogh è volta all'espressione dei sentimenti e riflette, attraverso il colore, le emozioni che l'artista prova di fronte al mondo. Nelle sue tele, la materia, la gestualità ed il segno, sono portati al massimo della tensione e della energia vitale. Per van Gogh, pittura e vita sono una cosa sola. I suoi dipinti diventano lo specchio tragico della sua esistenza. Questi, insieme a tanti altri sono i motivi che rendono questo artista un rivoluzionario in grado di conquistare un posto decisivo nella storia dell'arte occidentale.

Due contadine che vangano

È importante, anzi fondamentale, dire, che tutta la storia dell'artista van Gogh, ha cambiato tutto il corso della civiltà e del pensiero occidentale. Tutta questa storia è durata 7 anni. L'artista muore all'età di 37 anni, come tanti divini fanciulli della storia dell'arte come Raffaello, Parmigianino e tanti altri. La cosa interessante di van Gogh è che inizia a dipingere all'età di 30 anni, all'età in cui molti artisti sono già morti. Perché? Perché van Gogh è fatto di una straordinaria forza di volontà benigna che appartiene alle anime salvifiche, diciamo così, della storia dell'umanità, ma non è tuttavia nato per la pittura, non ha avuto dote naturali né talento per la pittura. Da giovane ha fatto, proprio per la sua volontà di salvare il mondo, il predicatore e si è istruito all'università della miseria, come diceva lui, vivendo nelle strade e successivamente decidendo di convogliare tutte le sue energie salvifiche nella pittura. È ciò che scrive anche al fratello Theo, che lo seguirà fino al suo ultimo giorno della sua vita e morirà immediatamente dopo di lui, "qui è cominciata la mia vera vita Theo, investirò tutto ciò che sono nella pittura". Le prime prove di pittura di van Gogh, nato nei Paesi Bassi senza grandi istruzioni naturali, avviene a contatto nella cultura olandese, che peraltro vanta anche dei pittori divini, di una certa qualità. L'artista va a dipingere nel nord dell'Olanda ed è proprio qui che concepisce dei quadri, che, pur nella loro limitatezza tecnica, risultano farciti e densi di una straordinaria poesia. Questo è il caso delle due contadine, che dipinge nel suo soggiorno nel nord dell'Olanda, ispirate ad una delle poche cose che van Gogh conosceva della pittura contemporanea, cioè Millet. Il pittore si lega ad un artista come Millet, che proveniva da una specie di socialismo umanitario, lo stesso che correva per l'Europa in quegli anni. E dunque vi è un certo senso religioso della natura in questo quadro, prima di tutto per il sapore, per il profumo e per gli odori stessi del paesaggio, con il cielo straordinariamente plumbeo che corre tra i protagonisti e con una straordinaria densità di materia che avvolge la terra in basso. La religiosità sta nella fatica del lavoro umano di queste due donne chine verso la terra: il senso della fatica, del lavoro e della sofferenza stessa viene incarnato da queste figure, rappresentando la religione dell'uomo perso nel suo rapporto con la natura. Questa è già una partenza straordinaria nella quale van Gogh si manifesta subito come una figura che non percorre alcuna delle vie percorse dalla pittura a lui contemporanea.

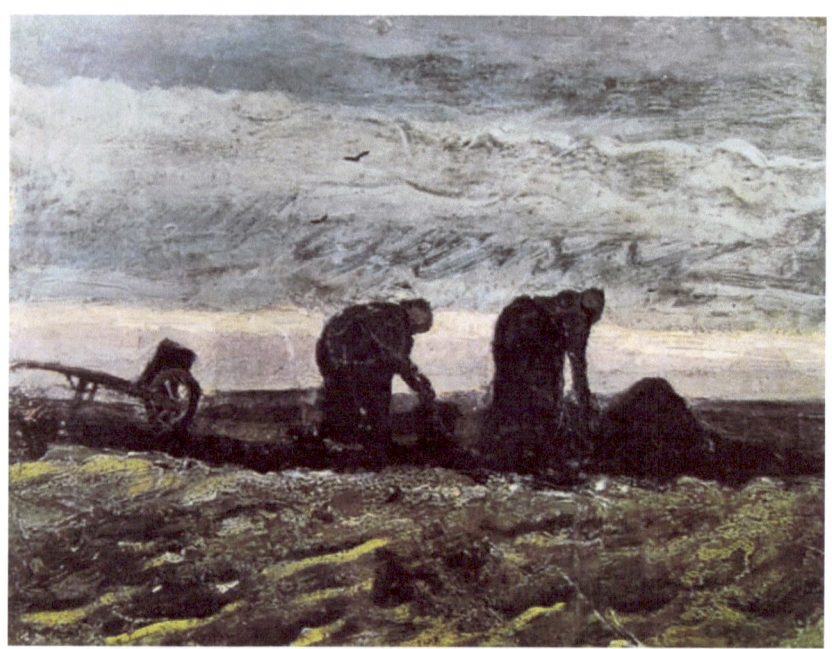

van Gogh, due contadine che vangano, 1883,
Rijksmuseum, Amsterdam.

Punti salienti

Vincent van Gogh nasce nel 1853 a Zundert, in Olanda, primo genito di 6 figli di un pastore protestante. Abbandonati gli studi, lavora in una società di mercanti d'arte, dove si appassiona alla pittura e frequenta una scuola di evangelizzazione a Bruxelles. Nel 1880, all'età di 27 anni, si trasferisce nella regione mineraria di Borinage, in cui comincia a disegnare da autodidatta e decide di dedicarsi all'attività artistica. Tornato in Olanda, van Gogh apprende l'uso del colore dal pittore Anton Mauve e dipinge nature morte. La prima fase significativa della sua carriera coincide con il soggiorno nel Brabante olandese. L'interesse per il mondo contadino, sull'esempio del pittore francese Millet, lo conduce al suo primo grande capolavoro: i mangiatori di patate. Nel 1886 si ricongiunge a Parigi con l'amato fratello Theo con cui intrattiene una fitta corrispondenza. Qui scopre il colore degli impressionisti, la tecnica divisionista e studia l'arte giapponese. Conosce, inoltre, giovani artisti come Lautrec e Gauguin, con il quale istaura una profonda amicizia. Nel 1888, a 35 anni, van Gogh si stabilisce ad Arles, nel luminoso mezzogiorno francese. Mentre realizza alcuna delle sue immagini più celebri, tra cui il Caffè di notte, viene raggiunto da Gauguin. Dopo un periodo di convivenza armoniosa e ricca di reciproci stimoli, il rapporto tra i due pittori entra in crisi e Gauguin riparte. Vincent, disperato ed in preda ad allucinazioni, si amputa l'orecchio sinistro con un rasoio: è la prima delle violente crisi che lo tormentano negli ultimi anni. Nel 1889 entra nell'ospedale psichiatrico di Saint-Rémy, dove realizza opere come i Cipressi e la Notte stellata. L'anno successivo si trasferisce nelle vicinanze di Parigi, dove dipinge molto paesaggi, nature morte e campi di grano. Il 27 luglio del 1890, van Gogh è colto dall'ennesima crisi e si spara un colpo di pistola: muore due giorni dopo assistito dal fratello Theo, lasciando oltre 800 dipinti e più di 1000 disegni, che con la loro unicità espressiva diventeranno parte integrante della nostra cultura visiva.

I Mangiatori di patate

Il rapporto di van Gogh con i temi popolari, che gli poteva offrire la pittura olandese, trova il proprio capolavoro, nel 1885, nel memorabile dipinto dei Mangiatori di patate. La cosa incredibile è che van Gogh parte da semplicemente da un sogno o da un ragionamento logico, perché pensa di ispirare questo quadro ad un'ultima cena di Rembrandt, il grande pittore olandese del '600. È un ragionamento insensato, perché Rembrandt aveva doti naturali e tecniche grandissime, invece van Gogh ottiene questo straordinario risultato poetico con quel che può e con quel poco di mezzi che, da autodidatta, si è forgiato nella sua preparazione e formazione olandese. Dunque van Gogh concepisce questa specie di antro o di casa contadina che sa di muffa, di stalla, con 5 protagonisti concentrati nella loro semplicissima e sacra umanità, mentre mangiano patate arrostite sul fuoco, con un signore che sta versando il caffè. La pittura elementare, appallottolata e rotolata con un segno elementare, addirittura un po' semplificata, è nutrita da una eccezionale carica poetica. L'artista è molto attento alla psicologia dei personaggi: lo sguardo d'amore della signora verso il marito, la generosità con cui l'uomo offre la patata ed il signore dalla fisonomia animalesca che sta versando il caffè, rappresentano una dignità di uomini che, forse, assomigliano a degli animali, ma questo non cambia nulla. Se quelli che vediamo fossero vitelli, maiali o tacchini, la nostra commozione non scenderebbe di un grado, in quanto van Gogh ci parla della dignità degli esseri viventi in qualcosa che forse ci salverà. In questa elementarità di pittura ed in questa straordinaria temperatura poetica e sentimentale è contenuta la grandezza del quadro, che rimane come una pietra che comincia ad introdurre verso i temi di socialismo umanitario, che verranno introdotti con il nuovo secolo. Questo quadro è una pietra miliare che comincia a cambiare le sorti della pittura.

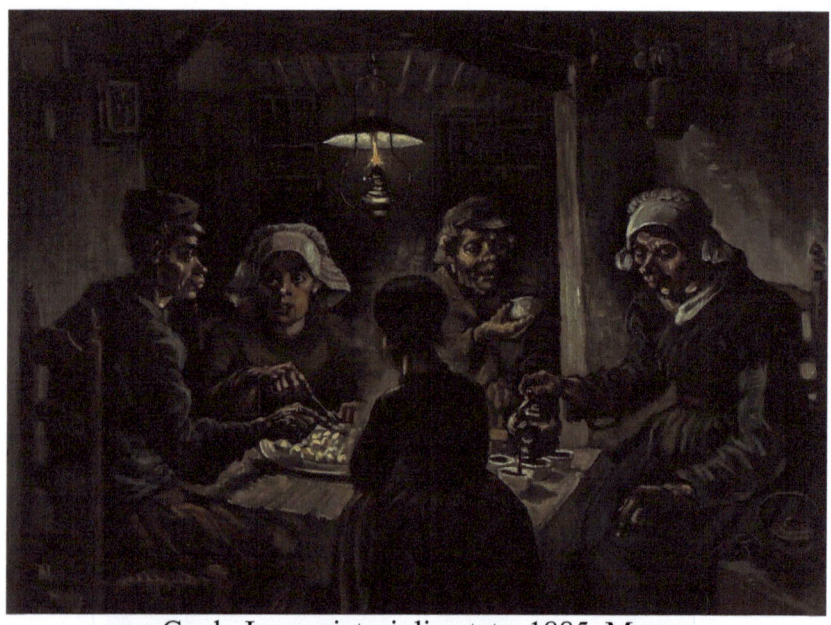

van Gogh, I mangiatori di patate, 1885, Museo van Gogh, Amsterdam.

Un periodo di mutamenti

Durante la seconda metà dell'Ottocento, l'Europa è percorsa da profondi cambiamenti politici e sociali e da fondamentali novità in campo artistico. In Olanda, il luogo di origine di van Gogh, opera una nuova generazione di pittori che, sull'esempio del Realismo francese, promuove un sensibile cambiamento di gusto e di linguaggio. Tra di essi vi è Anton Mauve, cugino e primo maestro di van Gogh. È tuttavia la Francia il luogo in cui l'artista risiede stabilmente dall'età di 33 anni, ad essere scossa dalle più profonde trasformazioni. Al termine della guerra franco-prussiana, l'instabilità della politica interna viene bilanciato da un forte nazionalismo e da un'espansione coloniale senza precedenti. Dal 1886, l'anno in cui van Gogh arriva a Parigi, la vita artistica e culturale della capitale francese è ricchissima di stimoli. Tra i più importanti vi è l'ultima mostra del gruppo impressionista, dove espongono per la prima volta i maestri puntinisti Seurat e Signac. Nello stesso anno si gettano le fondamenta della Tour Eiffel, completata 3 anni dopo. La costruzione d'Avanguardia, interamente in ferro, fa della capitale francese il centro europeo della sperimentazione tecnologica.

Autoritratto con cappello

Il rapporto con la pittura e con l'ambiente fisico del nord Europa non può durare più di tanto per van Gogh, perché egli sente in lontananza il rombo della pittura moderna, comunicatogli anche dal fratello Theo. Quest'ultimo, che lavora a Parigi in una galleria d'arte, scrive delle lettere al fratello, dicendogli "qui va forte l'Impressionismo, ma sta declinando, si stanno aprendo nuove novità". Vincent decide così di recarsi a Parigi e qui, naturalmente, lo shock è forte, tecnicamente parlando. A Parigi la pittura è andata molto avanti e soprattutto è in mano a degli artisti dotati naturalmente, insomma a dei veri e proprio funamboli del pennello, cosa che van Gogh non è. Vincent arriva a Parigi, si iscrive ad un'accademia e risulta esemplare il caso della sua amicizia con Lautrec. Bisogna immaginare che van Gogh, a questo punto, è avanzato come un barbone piovuto nella metropoli, mentre Lautrec è un nobile, come un piccolo conte del meridione della Francia con dei gravissimi problemi fisici. Difatti Lautrec è altro tra i 140 ed i 150 cm. Il francese è un uomo simpatico e molto vivace, con delle doti strepitose per il disegno e per la pittura, insomma l'opposto di van Gogh: contraddizione più grande non potrebbe esserci per spiegare il contrasto di van Gogh con la pittura parigina. L'Impressionismo ormai van Gogh se lo sta dimenticando. È un movimento nato quasi 25 anni prima rispetto al 1887, anno in cui van Gogh si trova appunto a Parigi. In questo momento nella capitale francese sta entrando in scena la pittura puntinista, voluta da un altro giovane pittore che risponde al nome di Seurat. Questa pittura condizionerà tutto l'ambiente parigino, proprio perché si sposerà anche con i nascenti impulsi simbolisti. Questo è anche il momento in cui nasce difatti il gruppo simbolista sotto il segno di Gauguin. Vincent ha dunque delle difficoltà, si trova a Parigi e qui nelle accademie si insegna la pittura puntinista. Questo tipo di pittura comporta metodo, pazienza e straordinarie doti esecutive della pittura e sono tutti elementi che van Gogh non ha. Vincent non ha certamente la pazienza di diventare un impiegato della pittura. È proprio da questo incrocio e da questa contraddizione che nasce uno dei suoi primi grandi capolavori, nonché uno dei suoi primi grandi autoritratti. Come possiamo notare, van Gogh tenta di usare la divisione del colore dei puntinisti (in Italia si chiama divisionismo), ma il suo è un uso sintetizzato, non di certo con il metodo millimetrico dei pittori puntinisti. Vincent usa quel metodo ma è un uso destinato ai propri fini, che sono quelli espressivi, gli stessi che notiamo nella straordinaria forza visionaria implicita nell'immagine che dà di sé stesso in quest'opera. Noi vediamo una luce concentrata che sembra quasi emanare dagli occhi, nel volto e nella fisonomia di quest'uomo che guarda lontano, verso qualcosa che non appartiene alla storia della pittura e comunque tutto è avvolto in una pittura che nulla ha a che fare con quanto è prodotto in Francia in questo momento. Esistesse, di van Gogh, solo questo quadro, non sapremmo dove collocarlo, in quanto ci sono si similitudini con la pittura puntinista, ma vi è una carica espressiva fuori dalla norma. Questo è proprio il destino di van

Gogh da questo momento in poi, farà il nulla comparato agli altri pittori del suo tempo.

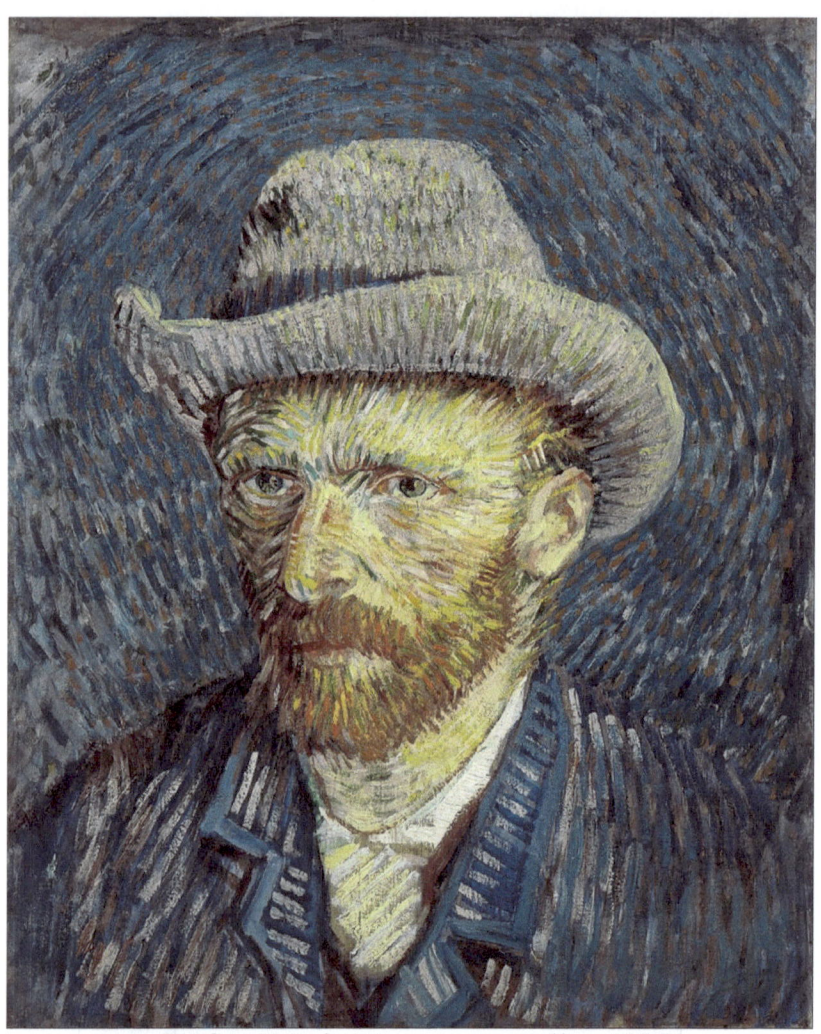

van Gogh, Autoritratto con cappello, 1887, van Gogh Museum, Amsterdam.

Ritratto di Père Tanguy

Vincent è in cerca di qualcosa, lui è sempre alla ricerca di qualcosa e quel che è incredibile è che a Parigi trova quel qualcosa, quell'idea o quello spunto che gli manca per il suo straordinario precipizio di invenzione che caratterizzeranno gli ultimi 2 anni della sua vita. Questo qualcosa lo trova nelle stampe giapponesi. È il momento in cui a Parigi vi è una grande immissione della pittura giapponese, soprattutto quella del Giappone settecentesco, in cui vi sono stampe popolari, realizzate a fini soprattutto erotici. Vincent strappa a queste stampe le idee fondamentali per la visionarietà che manifesterà negli ultimi mesi della sua vita. Addirittura van Gogh stesso scrive che il suo incontro con l'arte giapponese è un manifesto per lui. Il culmine di questa fase viene raggiunto con il Ritratto di Père Tanguy, proprietario di un negozio di colori di Parigi. Il suo negozio era frequentato da Cèzanne e da altri artisti. La sua bottega era tappezzata da stampe popolari giapponese che vendeva a prezzo assai ridotto. Dunque, in questo dipinto si vede Père Tanguy in un posto ardito ma con una psicologia affettuosa ed un'attitudine al dialogo, che corrisponde alla natura stessa del protagonista di questo quadro. Dobbiamo anche dire che dietro a tutto le protagoniste sono le stampe giapponesi. Vincent trova l'uso del colore puro di fondamentale importanza nelle stampe giapponesi, ma anche l'uso del colore piatto, ovvero non miscelato sulla tavolozza. Il colore piatto non è un colore addomesticato tonalmente, secondo le regole della pittura occidentale, bensì è un colore in cui van Gogh nota delle possibili applicazioni che i giapponesi non avevano nemmeno concepito. È per questo motivo che van Gogh fa degli studi sulla pittura giapponese e concepisce questo quadro secondo la sua idea di pittura, ottenendo un risultato molto bello. È come se questo quadro fosse un concentrato di uso del colore puro ed al contempo un concentrato di capacità decorativa del colore stesso. Risulta straordinario e fondamentale l'uso del pesco-rosa, che sarà importantissimo per il suo futuro ad Arles, in Provenza. Vincent è arrivato in un territorio misterioso nel quale ha capito le potenzialità dell'uso del colore puro che in Europa, fino a questo punto, è stato ignorato per secoli o addirittura per millenni, eccettuando i grandi maestri Veneziani come Paolo Veronese.

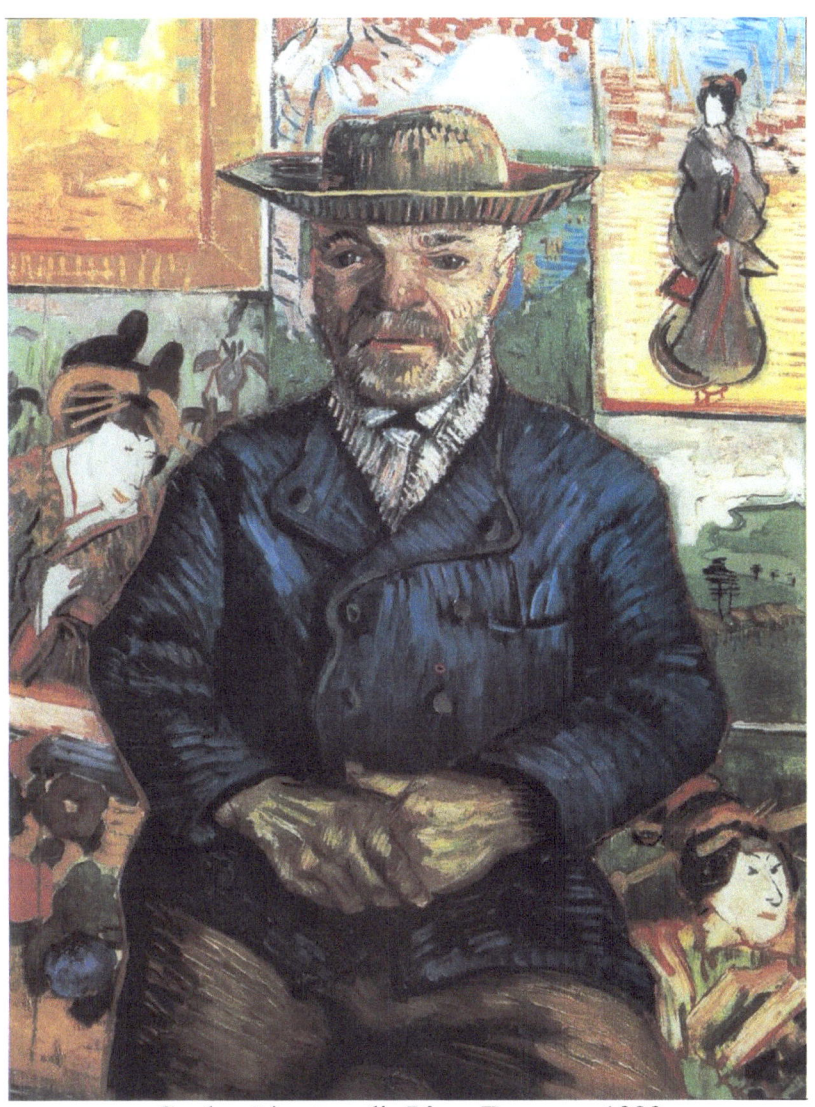

van Gogh, Ritratto di Père Tanguy, 1888,
Museo Rodin, Parigi.

L'arte giapponese in Francia

Quando van Gogh si trasferisce a Parigi, la capitale francese è il centro della cultura mondiale. Grazie all'esposizione del 1867 è la città europea più aggiornata sull'arte dell'estremo oriente. La passione per l'arte giapponese, oltre a riflettere il fascino per l'esotico, nasce per la curiosità per manufatti provenienti da un paese di cui si conosce poco. Solo da un decennio, infatti, il Giappone ha rotto il secolare isolamento con l'apertura delle sue frontiere al commercio internazionale. Particolarmente ricercati dagli artisti europei, sono gli Ukiyo-e-, ovvero le immagini del mondo fluttuante che raffigurano scene di vita quotidiana e si distinguono per il colore piatto, l'assenza di chiaroscuri, e in cui il movimento è suggerito da una linea semplice e sinuosa. Come molti artisti parigini, anche van Gogh acquista a buon mercato le stampe giapponesi. Da queste assimila l'inconsueta cromia e recupera l'uso del nero, di fatto eliminato dalla tavolozza degli impressionisti. Insieme ai colori e alle immagini, al pittore olandese interessano anche i risultati compositivi e tecnici delle stampe, riproposti soprattutto nei dipinti di Arles: l'orizzonte alto, il disegno veloce dai tratti sottili e la resa puntuale di ogni forma di movimento. La sottile influenza dell'arte giapponese continua ad agire su van Gogh lungo tutta la sua carriera. Nella cospicua serie di alberi in fiore, per esempio, i soggetti risultano essere vicini alla poetica giapponese ispirata alla natura e al rapido trascorrere delle stagioni. In questo senso spicca l'opera del Ramo di mandorlo fiorito.

Non è uno dei dipinti più noti, quanto meno non è messo al pari di altre opere dell'artista stesso, ma rappresenta, in ogni caso, sia la sua volontà, in un certo senso, di osservare la realtà e sia di interpretarla alla luce di un preciso pensiero che deriva dalla sua idea dell'arte che mirava a fare. In questo caso, si ispirava all'arte orientale: l'opera, infatti, fu sicuramente ispirata dalle stampe giapponesi; tutti i nodi e i grovigli dei rami, attraverso l'utilizzo del colore, senza l'utilizzo della prospettiva mantengono quell'eleganza tipica delle stampe in questione. L'opera, probabilmente, fu la prima di una serie che Vincent non riuscì a terminare perché sconvolto da una crisi: ce ne accorgiamo osservando i contorni della pianta non rifiniti (soprattutto nel ramo in primo piano), e da alcune parti rimaste allo stato di abbozzo iniziale (i rametti sottili a sinistra, al centro ed in alto a destra) e fu lui stesso a dichiararlo al fratello Theo, dichiarando di aver dipinto quest'opera con più calma e sicurezza, eppure, il giorno dopo, una crisi, appunto, ebbe la meglio su di sé. La tela fu un regalo che lo stesso pittore fece al fratello Theo per la nascita del figlioletto. L'opera è la rappresentazione di un ramo di mandorlo fiorito, dai petali bianchi, quasi perlacei, che si stagliano in un cielo blu, dalle sfumature turchesi. Come simbolo di vita, van Gogh scelse i rami del mandorlo, uno dei primi alberi in fiore che, nel soleggiato sud, in quel febbraio annunciava l'imminente primavera. La sinfonia dei fiori di mandorlo, creati con delle pennellate spesse, sono eseguiti con gran cura e come è possibile osservare, sembrano catturare lo sguardo dell'osservatore, spostando l'attenzione su questa parte che da una fantastica luce al quadro. I fiori, che sembrano quasi esplodere sui rami, rappresentano un vero e proprio inno alla vita, non solo un simbolo, e dunque sembra proprio che l'artista voglia augurare al nipote, solo cose belle. Il grigio, colore dominante dell'inverno, lascia il posto ad un azzurro tenue tipico della primavera, facendo apparire tutto più luminoso e colorato, donando al quadro una sorta di allegria che lo lascia contraddistinguere dal resto della sua produzione artistica. La realtà, osservata con grande attenzione, nel contesto, insieme alla costruzione compositiva dei rami, rappresentati dai colori del verde e marrone e dei fiori, si traduce in quel verso che l'artista aveva a lungo cercato di pervenire: grafico e apparentemente piatto, ma d'altro canto, ricolmo di un respiro vasto profondo, vitalisissimo e arioso, il che fa percepire una perfetta sensazione di serenità mista ad una gioia emotiva, non a caso la nascita di suo nipote, rappresentava per van Gogh, un vero e proprio momento di gioia: la felicità che esprime in questa tela, non è possibile ritrovarla in nessun'altra opera. L'artista, non ha di certo vissuto una vita facile, come a tutti è noto, eppure la nascita di suo nipote deve aver avuto una valenza particolare all'interno della sua vita e non ha saputo far altro che renderlo noto a chiunque potesse osservarla: osservando l'opera, infatti, le sensazioni da lui provate, pervadono a loro volta, chi la osserva. Dando l'idea di un'imminente primavera, quest'opera sembra essere una metafora: l'idea di un miracolo che ogni anno si rinnova, dando il via a desideri di rinascita e di speranza, alla ripresa della vita, possiamo dire che la bellezza di questo ramo fiorito, in natura, dura purtroppo poco, ma grazie a van

Gogh e a quest'opera in particolare, la sua fioritura, rimane un dono eterno.

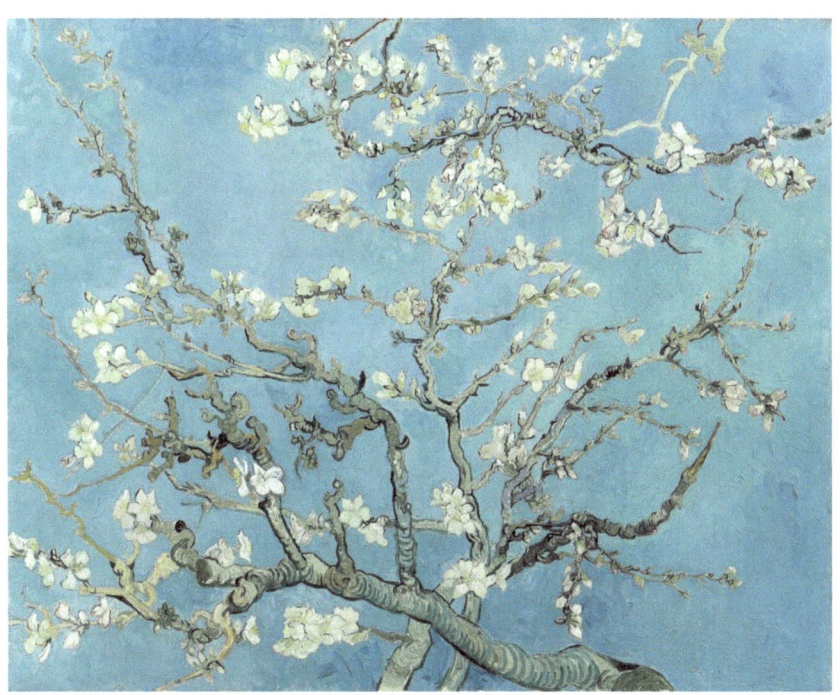

van Gogh, Ramo di mandorlo fiorito, 1890, van Gogh Museum, Amsterdam.

I girasoli

Già questo uso del colore puro che si traduce in visionarietà comincia ad insediarsi nella pittura di van Gogh, ancora a Parigi, nel "ritratto" dei girasoli. Vincent dipinge i girasoli proprio come se dipingesse un autoritratto "i girasoli sono io" dirà infatti. L'artista dispone di pochissimo denaro e dipinge o i girasoli che si trovano in un vaso a casa propia o sé stesso perché non dispone di modelli o di altro. Questi girasoli sono giocati su un solo colore ossessivo che ritorna continuamente su sé stesso, lo stesso van Gogh ne parla nelle lettere al fratello "voglio dipingere la cosa su questa alta nota gialla" e lo fa proprio perché il giallo è il colore rivelativo di una verità che non appartiene alle apparenze realistiche o naturalistiche, appunto, di quello che l'occhio percepisce, bensì appartiene ad una verità aldilà che lo stesso van Gogh insegue. Dunque, questa specie di allucinazione è giocata su una sola nota e ricorda il fatto che in vita sua, van Gogh ha venduto un solo quadro, che probabilmente il fratello gli ha fatto vendere in maniera forzata, che è stato come una consolazione per il povero van Gogh dalla salute che precipitava. Per lui dunque era una notizia che qualcuno si innamorava finalmente del suo valore e tutto questo è stato, possiamo dire, il destino della vita di van Gogh, che poco prima di andarsene, nell'ultima lettera, dirà al fratello che sta vivendo una "desolazione assoluta. Mi rendo conto che la mia vita è stata un fallimento e con la pittura non ho concluso nulla, ho distrutto me stesso e la mia saluta mentale se n'è andata per metà ma ho fatto quello che ho potuto ed evidentemente non potevo fare di più anche se sono stato completamente inutile". Il dipinto mostra i girasoli in ciascuna fase della fioritura, dal bocciolo all'appassimento. Anche se alcuni hanno interpretato le forme contorte dei petali e degli steli come un segno di tormento, traspare dalle lettere al fratello che questo soggetto diede gioia e ottimismo. Inoltre il girasole simboleggia spesso devozione e lealtà e i vari stadi di decadimento potevano simboleggiare i cicli di vita e morte. L'artista stendeva i colori con pennellate ruvide e dense, spesso appiccicandoli uno sopra l'altro finché i pigmenti erano ancora umidi. A volte procedeva a scalfire la superficie fresca usando anche l'impugnatura del pennello. Si tratta di un approccio "scultoreo" alla pittura, in cui le ombre e le luci sono date, oltre che dai pigmenti, dallo spessore dell'impasto cromatico. L'effetto che si otteneva era quello di un'espressività mai vista prima in cui spiccava il pigmento del giallo cadmio, invenzione straordinaria di van Gogh.

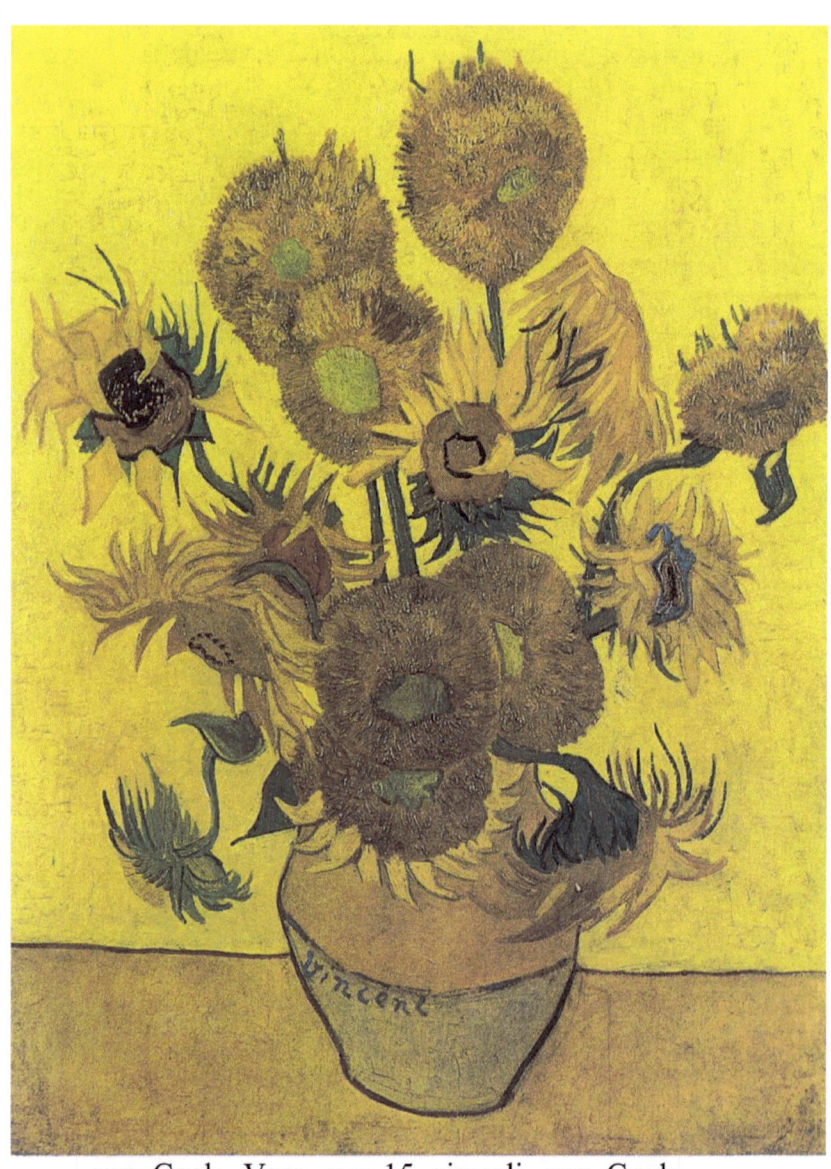

van Gogh, Vaso con 15 girasoli, van Gogh Museum, Amsterdam.

Il caffè di notte

Vincent ben presto capisce anche che non è Parigi la città nella quale può realizzare interamente la propria visionarietà. Non ci si trova del tutto bene anche perché la pittura va in direzioni troppo lontane da ciò che lui vuole dalla pittura stessa. Così l'artista decide di andare ad Arles, nel sud della Francia. Si reca qui, in realtà, per un motivo molto semplice, in quanto la vita non costava troppo. Arles non è sul mare, è nell'entroterra e li si poteva vivere ragionevolmente. Il pittore arriva nella primavera del 1888 e comincia a dipingere alberi in fiore ripensando ai susini in fiore della pittura giapponese della quale abbiamo parlato precedentemente. In seguito, improvvisamente, accade la catastrofe, ovvero il grande punto di rottura e di rivoluzione che cambia la storia di van Gogh e la storia dell'intera pittura occidentale. Abbiamo la testimonianza di ciò in una lettera che van Gogh scrive al fratello "voglio dipingere un caffè di notte, perché è un luogo misterioso nel quale chi è dentro potrebbe essere un assassino, potrebbe essere qualsiasi persona e portarsi dentro la peggiore tragedia del mondo. Voglio dipingere col rosso e col verde le terribili passioni umane". In questa semplice formulazione si vede che da un lato van Gogh sta tirando fuori, consapevolmente, l'idea dell'uso del colore puro che aveva assunto per vie misteriose dalla pittura giapponese. Dall'altro lato si vede che l'artista si sta avviando a rompere l'idea della pittura tonale e di impasto, che non concepisce l'idea del colore puro spremuto a tubetto. A questo punto van Gogh è intenzionato far carico al colore di un'abbondanza di potenza rivelativa che, in qualche modo, si lega alla cultura simbolista ormai diffusa in Europa in questi anni, ma che allo stesso tempo va oltre questa stessa. Dunque van Gogh carica la pittura di responsabilità, toccando i territori normalmente riservati alle religioni, con van Gogh la pittura va oltre la pittura stessa. L'artista diventa una specie di profeta che con la pittura vuol fare qualcosa che la pittura non ha mai tentato di fare. Vincent dipinge, dunque, il famigerato quadro ed il bar è fatto proprio di due colori: il rosso ed il verde, che simboleggiano le terribili passioni umane. È tutto l'ambiente ad essere fatto di allucinazioni e di passioni: lo spazio sembra agitato da una specie di molto sussultorio che squassa completamente nello scenario. È un moto che non sembra essere percepito dagli umani: un uomo sta dormendo accasciando in una specie di note di silenzio, mentre il protagonista, l'ometto che forse è un assassino (come diceva van Gogh), è un po' imbambolato, un po' vanitoso, mentre assiste al mondo di rivelazione, alla notte di verità, un mondo riservato a pochi. Questo è esattamente il punto di svolta nel quale finisce la pittura tonale che è stata la dominatrice della pittura occidentale per secoli, basti pensare al fatto che tutta la pittura che conosciamo nasce dallo stile del divino maestro Veneziano Tiziano, e si entra nella dimensione della pittura di rivelazioni che apparterrà al ventesimo secolo. Vincent dipingerà, ancora, un esterno di un caffè di notte, straordinario anche questo, in cui spicca il cielo blu e le incredibili stelle che iniziano a diventare grandi, innaturalmente grandi, che ben presto diventeranno protagoniste nei quadri successivi di van Gogh. Insomma questo mese del settembre 1888 è quello in cui cambia la storia della pittura, ma anche la storia della cultura e del sapere occidentale.

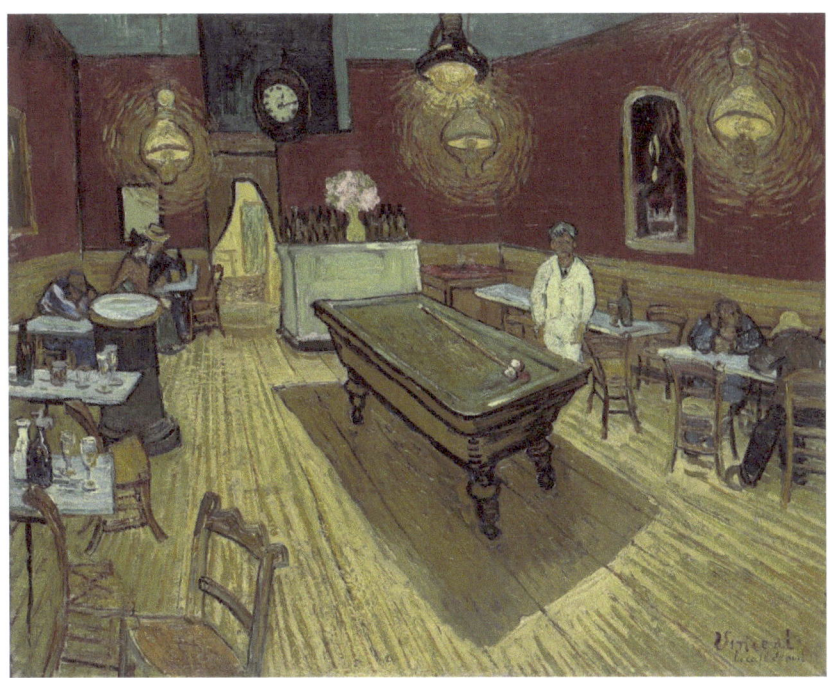

van Gogh, Caffè di notte, 1888, Galleria d'arte dell'università di Yale, New Haven.

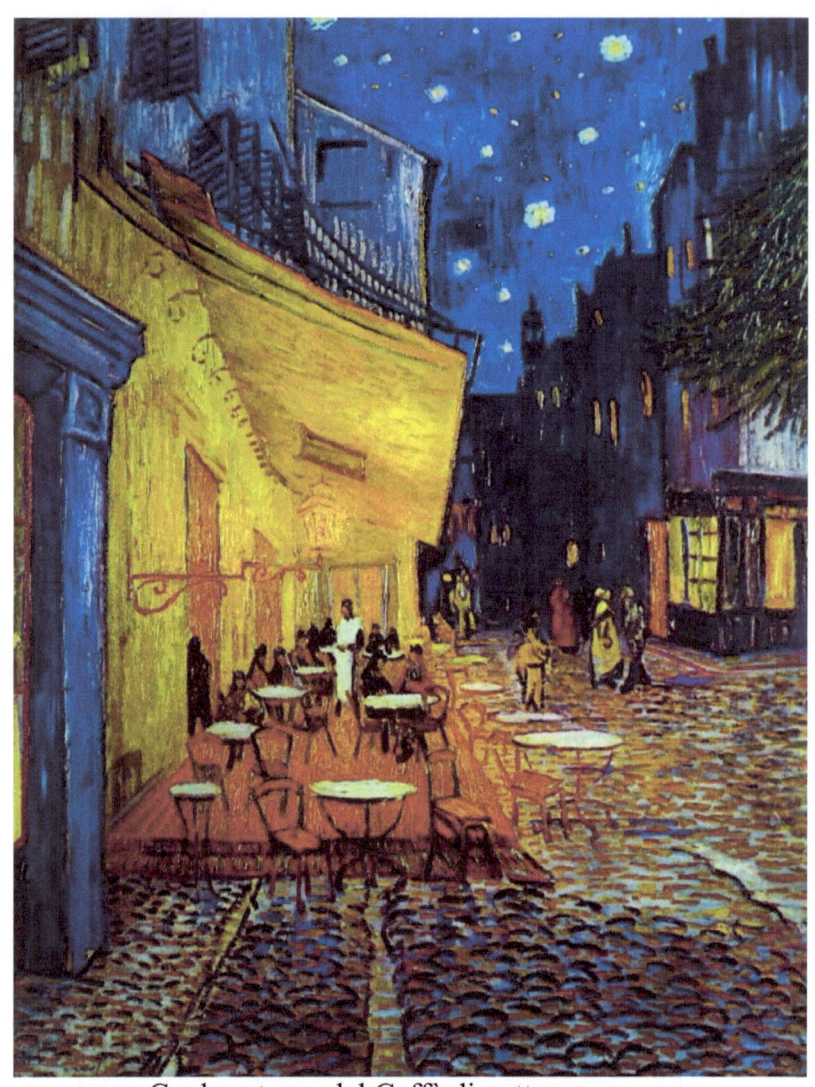

van Gogh, esterno del Caffè di notte.

van Gogh e Gauguin

Paul Gauguin nasce a Parigi nel 1848. Orfano di padre, trascorre la prima infanzia a Lima, in Perù. Nel 1871, a 23 anni, si trova a Parigi. Qui inizia a dipingere e frequenta i pittori Pissarro, Degas e Cèzanne. Pur esponendo le sue opere nelle mostre degli impressionisti, Gauguin sviluppa uno stile personale con colori intensi stesi in modo uniforme. Nel 1876 soggiorna per la prima volta in Bretagna, dove giunge a una forma essenziale attraverso l'eliminazione dei dettagli, elaborando il simbolismo sintetico. Tornato a Parigi, conosce van Gogh e il fratello Theo che gestisce una piccola galleria d'arte. Va alla ricerca di un mondo puro e così si imbarca per Panama e visita la Martinica. Nell'estate del 1888, Theo van Gogh contatta Gauguin, offrendogli soggiorno ad Arles con Vincent. Theo gli garantisce 150 franchi in cambio di un quadro ogni mese. Gauguin raggiunge il pittore olandese, dando così via ad una convivenza burrascosa nella casa gialla di Arles. Vincent ammira il nuovo compagno, con il quale vorrebbe fondare un'associazione di pittori. Gauguin, invece, è deluso dalla Provenza e dal difficile rapporto con Vincent, diverso da lui per carattere ed opinioni e conta così di trasferirsi ai tropici. Rientrato a Parigi dopo la drammatica lite che mette fine al rapporto con van Gogh, Gauguin parte per la Polinesia dove si stabilisce stabilmente dal 1895, all'età di 47 anni. A Tahiti e nelle isole marchesi, realizza molte immagini con la popolazione indigena che l'hanno reso famoso. L'amore per l'arte primitiva, la ricchezza cromatica e le inedite soluzioni formali della sua opera, risulteranno alla base delle principali Avanguardie del primo Novecento.

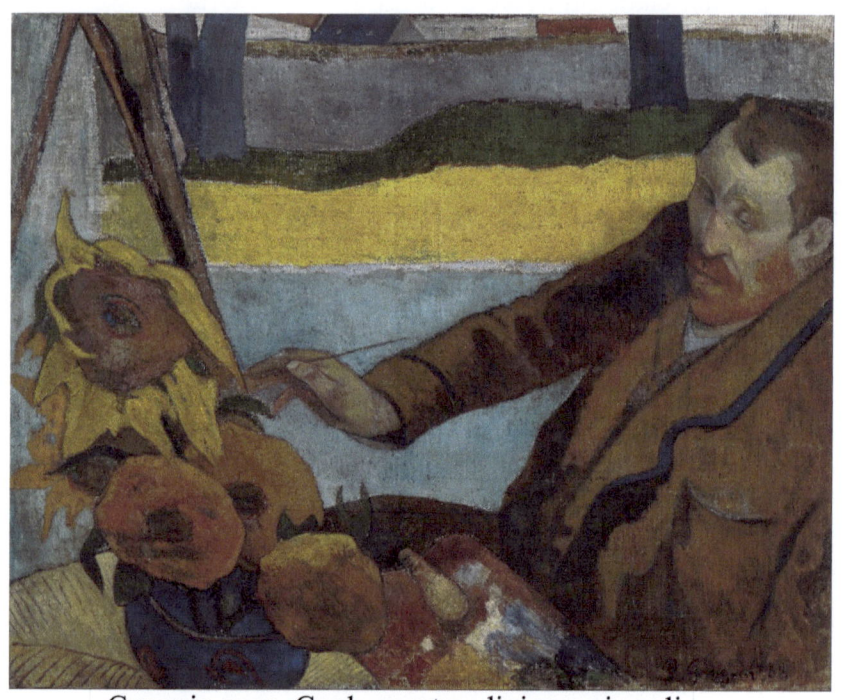

Gauguin, van Gogh mentre dipinge girasoli, 1888, van Gogh Museum, Amsterdam.

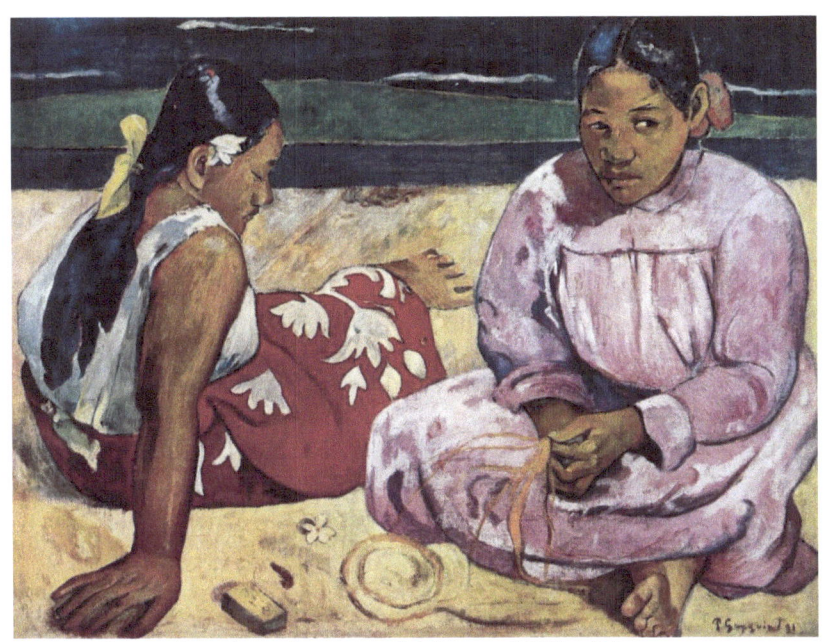
Gauguin, due donne tahitiane, 1891, Museo d'Orsay, Parigi.

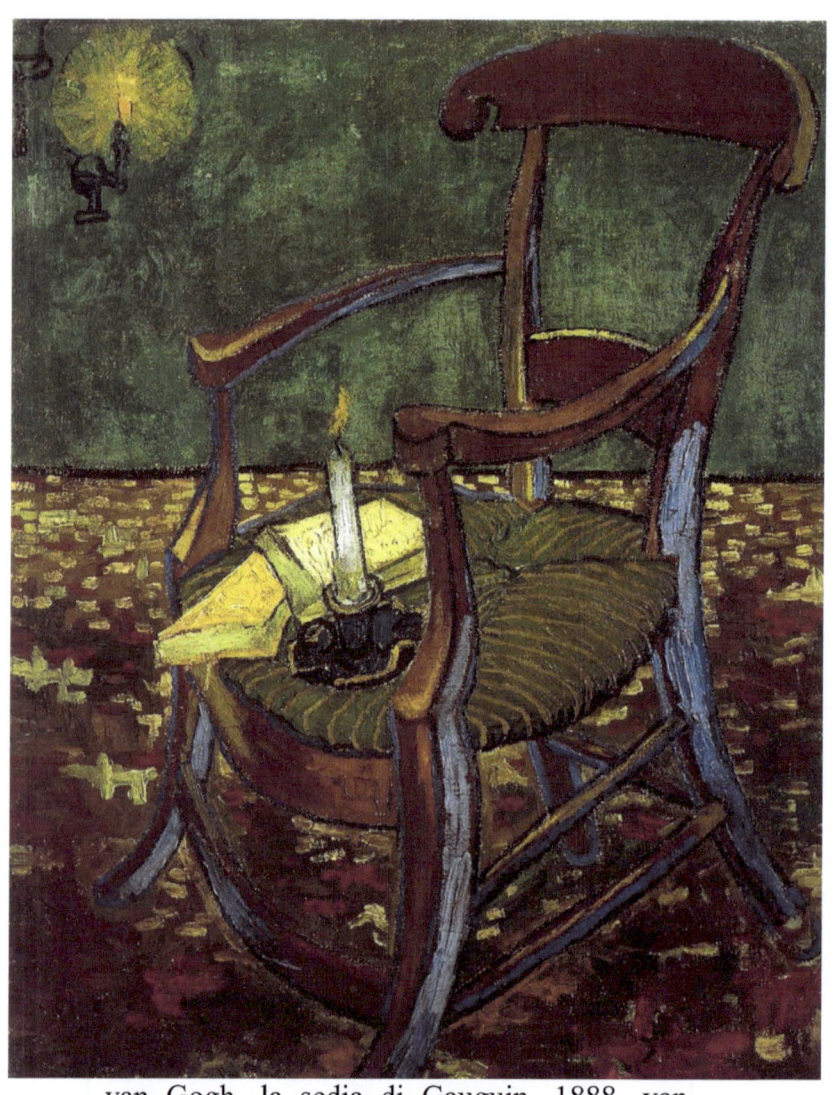

van Gogh, la sedia di Gauguin, 1888, van
Gogh Museum, Amsterdam.

La notte stellata

È appena avvenuta la catastrofe del caffè di notte, ovvero quel punto di rottura dell'intera storia della pittura occidentale. Ma nella vita di van Gogh accade una ulteriore catastrofe. L'artista aveva avuto un rapporto di innamoramento per la pittura di Gauguin e riesce a convincere, nell'ottobre del 1888, Gauguin a raggiungerlo ad Arles. Gauguin arriva ma tuttavia si manifestano delle contraddizioni di carattere, evidentemente insanabili. In questo rapporto c'è un terzo protagonista di mezzo, un giovanissimo artista che si chiama Emile Bernard. Si tratta di un artista che avrà una certa fama nella storia dell'arte, sarà colui che intervisterà Cèzanne. A questo punto Bernard è un ragazzo, poco meno che ventenne, e diventa una specie di punto di contatto tra Gauguin e van Gogh: nasce un dialogo fittissimo tra i 3, ma vi è una specie di alleanza tra Bernard e van Gogh. Vincent, il quale, invece, sta giorno, dopo giorno, rompendo progressivamente i rapporti con Gauguin. Tant'è che, dopo un paio di mesi di faticosissima convivenza, accade il dramma: in una certa notte, dopo una lite con Gauguin, van Gogh si taglia un pezzo d'orecchio e lo porta alle prostitute di fronte a casa loro. Gauguin si dilegua immediatamente e van Gogh entra, a questo punto, a Natale del 1888, nell'inferno dei suoi ultimi mesi di vita. Viene ricoverato in manicomio, anzi lui stesso in qualche modo si ricovera in questa casa di cura, e verso l'estate del 1889 la sua visionarietà esplode definitivamente in una specie di straordinario precipizio che coinvolge gli ultimi mesi della sua vita. Uno dei quadri meravigliosi di questa follia, nel giugno del 1889, è la Notte stellata. Qui i corpi celesti hanno ormai una vita propria, si moltiplicano e vivono in cielo, in una propria agitazione e in un proprio turbine, che rappresenta il turbine stesso della mente di van Gogh. È la proiezione della mente dell'artista verso le verità non dette dell'universo. Il cipresso che si vede è una specie di punto e di misurazione per l'infinità dello spazio e per l'incomprensibilità delle leggi dello spazio. È, insomma, l'immagine di una devastazione sentimentale, non mentale (dubito che van Gogh potesse essere veramente definito pazzo), in cui si entra in una dimensione di assoluto controllo e di devastazione, appunto, sentimentale. Ricordo che la primavera dell'anno 1889, Nietzsche, a Torino, entra nella fase definitiva della propria follia, nel momento in cui abbraccia un cavallo percosso dal suo vetturino, scoppiando in lacrime. Si direbbe, insomma, che questo 1889 è l'anno della follia ed è una follia che fa la propria entrata nel mondo, nella cultura e nella civiltà occidentale, diventando protagonista. Questo vento della follia che si alza nella primavera del 1889 sarà quello che sosterrà tutta l'arte, tutta la filosofia, tutta l'espressione e tutta la storia del secolo breve in cui il mondo occidentale sarebbe stato avviato a vivere.

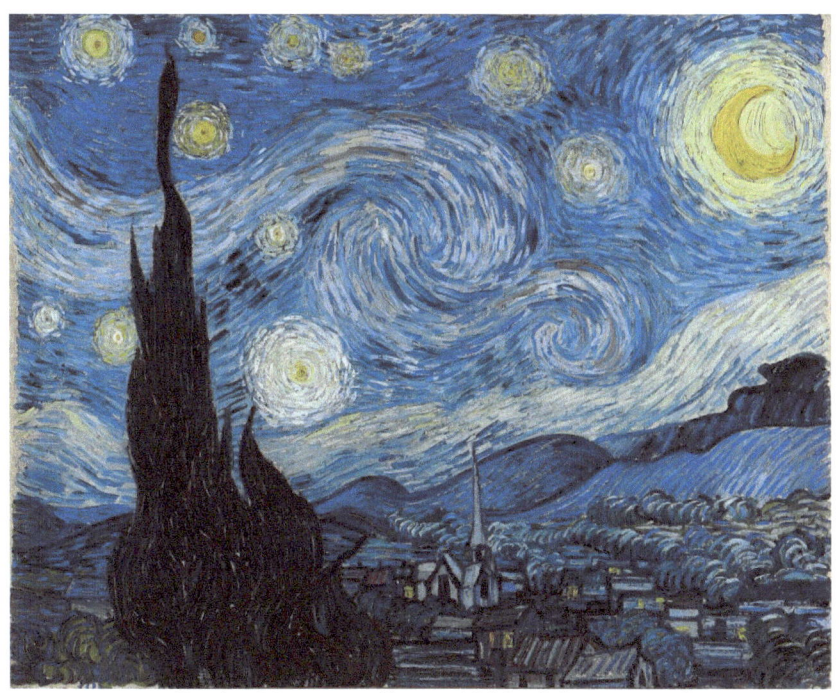

van Gogh, Notte stellata, 1889, Museum of Modern Art, New York.

La camera di van Gogh ad Arles

La visionarietà di van Gogh, si manifesta, nel corso del 1889, in un momento in cui lui era rinchiuso nella casa di cura. I temi non sono elementari, ma nemmeno sconvolti come quelli visti in precedenza. Un esempio di ciò è il famigerato ritratto della sua camera ad Arles. In questo dipinto, apparentemente c'è una visione normale: un letto, un tavolinetto, alcuni dipinti appesi alla parete. In questa semplicità e quasi freddezza compare, appunto, quell'allucinazione, ma repressa, della quale abbiamo parlato precedentemente. In questo quadro c'è un uso sostanziale del colore puro nella colorazione della stanzetta, del letto, della coperta e del lenzuolo. Quello che è straordinario è proprio questo occhio, che sembra, per un istante, congelarsi e distanziare. Appunto, in questa distanza c'è quella specie di trattenuto terremoto interiore che evidentemente sta sconvolgendo l'anima e il cuore di van Gogh. Va precisato, a questo punto, che dipinti come questi rappresentano la vera origine della cultura simbolista. Vero è che altri giovani artisti a Parigi, allievi di Gauguin, hanno fatto partire il gruppo dei Nabi (profeti), che costituiscono una certa parte della pittura simbolista, ma la grande spinta a una pittura che diventa visionaria e che diventa simbolo, non rappresentando più solo ciò che si vede, bensì il simbolo di verità occulte che rappresentano la storia dell'uomo, si deve a tre padri che sono: van Gogh, Gauguin e Bernard.

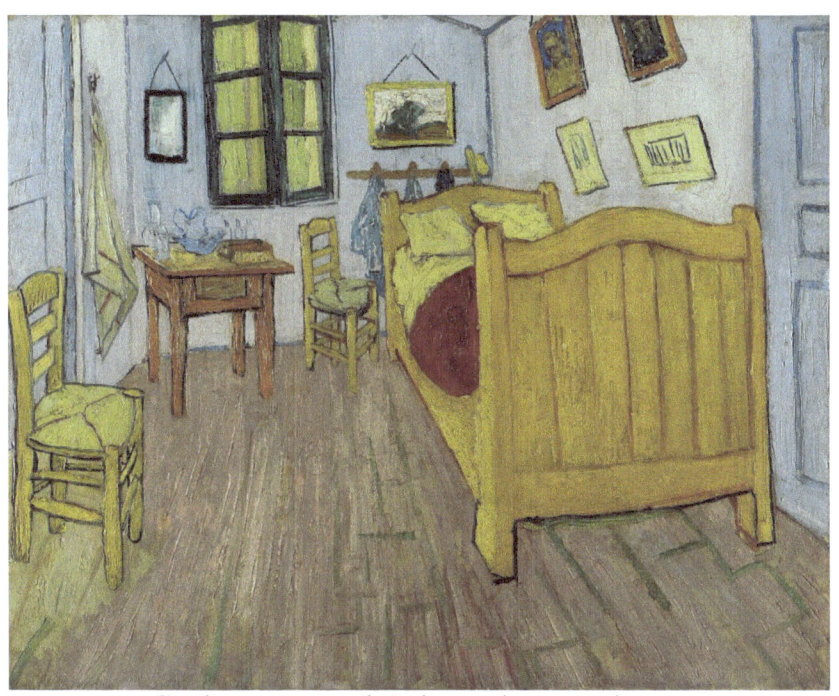

van Gogh, camera ad Arles, prima versione, 1888, van Gogh Museum, Amsterdam.

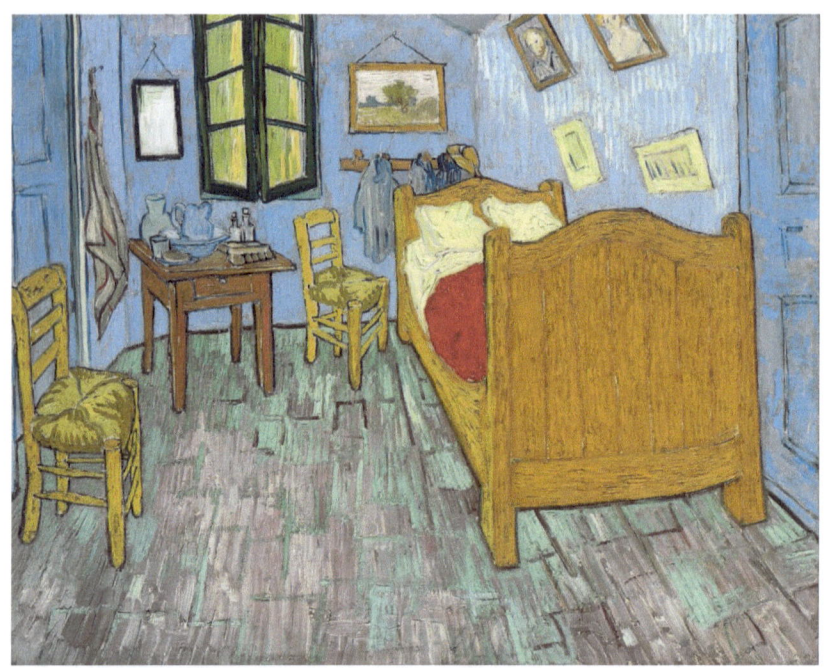

van Gogh, camera di Arles, seconda versione,
1889, Art Institute of Chicago.

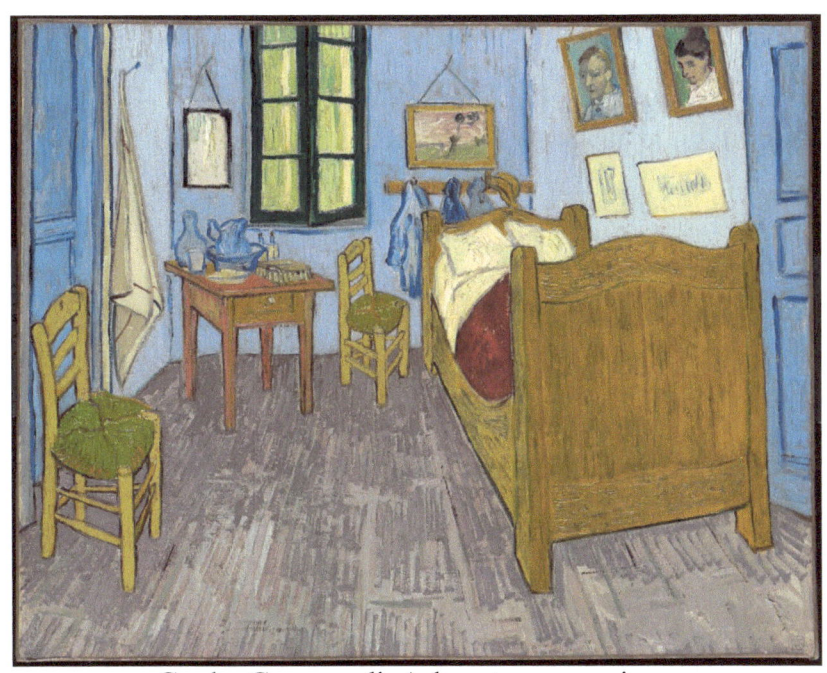

van Gogh, Camera di Arles, terza versione, 1889, Museo d'Orsay, Parigi.

Strada con cipresso sotto il cielo stellato

Qui comincia il precipizio finale, quello degli ultimi 2-3 mesi di vita di van Gogh. Già negli ultimissimi tempi, nel manicomio van Gogh dipinge opere come questa, nella quale tutto è sconvolto. Lo spazio perde ogni ragionevolezza e dimensione e addirittura si sgretola la riconoscibilità delle cose. La strada diventa una specie di fiume, il campo diventa un puro campo di colore. Le cose, dunque, perdono la loro consistenza e van Gogh dice al fratello Theo, rispetto al cipresso "voglio farla finita con i cipressi, voglio vincerli". Quel cipresso diventa un punto di misurazione per l'infinità dello spazio, mentre in alto vi sono degli astri che si moltiplicano e diventano, appunto, delle luci nel buio, come dei misteriosi riferimenti cosmici in cui la mente, sconvolta, di van Gogh vaga. Dopo questo dipinto, van Gogh si trasferisce a Auvers per farsi seguire da un medico, tradizionalmente amico dei pittori. Questo medico aveva già avuto rapporto col giovane Cèzanne, e dunque era un medico molto vicino ai pittori. Questo dottore dice a Vincent "puoi raggiungermi, io mi occuperò di te". Qui c'è una cosa da considerare e se riflettiamo ci verrebbe naturale pesare che il pittore, per forza alla fine si è suicidato, perché negli ultimi mesi della sua vita ha dipinto più di un quadro al giorno, qualcosa come 80 quadri in 60 giorni. Quei quadri, a quella temperatura, evidentemente sentimentale ed espressiva, sono un qualcosa di irresistibile: più di un quadro al giorno di quella portata sentimentale ed espressiva non può essere sopportato da nessuno, è una fatica psichica a cui nessuno può resistere. È questo ciò che è accaduto a van Gogh ed è un van Gogh morto, in qualche modo, di stanchezza o di estinzione e di usura delle proprie energie psichiche.

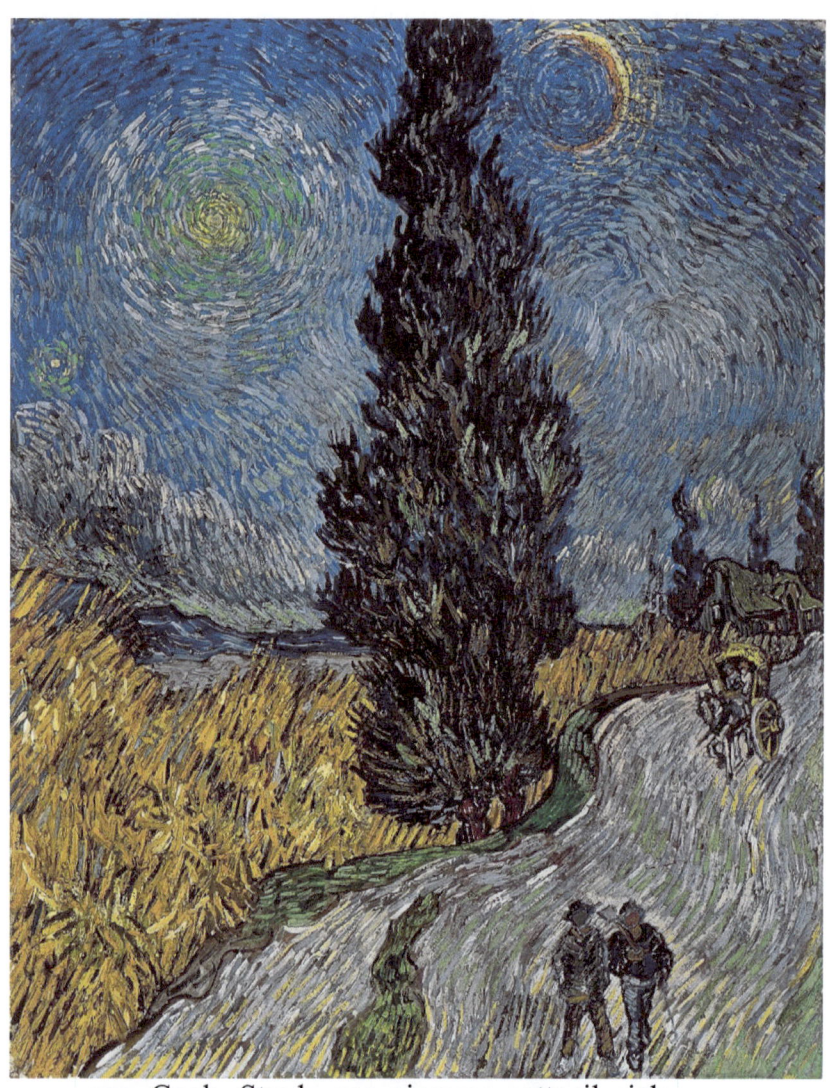

van Gogh, Strada con cipresso sotto il cielo
stellato, 1890, Museo Kroller-Muller, Otterlo.

Il dottor Gachet

La chiave, forse, per capire i saperi e le consapevolezze di van Gogh in questi ultimi mesi della sua vita, è data dal ritratto che realizza al dottor Gachet. Questo dipinto è stato realizzato pochissimo tempo prima della morte di van Gogh. La posa del dottor Gachet nella storia dell'arte rappresenta quella del malinconico. Questo ce lo insegna Giorgione in un ritratto del 1502, ce lo insegna anche Durer nelle sue incisioni "Melancolia 1", che faranno scuola nei secoli a venire. Nel Novecento lo riprenderà anche Picasso nel ritratto della sua amante. In questo quadro questa posa viene usata consapevolmente da van Gogh per rappresentare il dottor Gachet. Questo personaggio si era laureato in psichiatria e allora, in questo punto, la melancolia e la psichiatria sono diventati piuttosto forti. Il dottor Gachet, non solo si era laureato su un certo tema, ma addirittura quello stesso tema e la sua laurea erano stati pubblicati in un documento che si trova oggi alla biblioteca nazionale di Parigi. La sua tesi si intitolava "Studi sulla melancolia". Vincent era dunque informato della sua malattia, grazie agli studi condotti da Gachet, tant'è che scrive al fratello "Voglio fare un ritratto di Gachet, ma non sarà proprio un ritratto ma un autoritratto per due motivi. Primo perché Gachet è rosso di capelli come me. Secondo perché Gachet è malinconico come me. Lui soffre della mia stessa malattia, la melancolia.". Evidentemente Gachet, aveva idee avanzate sulla melancolia, che oggi noi definiremmo depressione dopo aver studiato Freud, che a sua volta arriverà dopo 10 anni l'esecuzione di questo quadro. Dunque, van Gogh non era genio e sregolatezza, egli era informato della propria malattia, secondo, naturalmente, la coscienza scientifica che si aveva a quei tempi, proprio grazie a Gachet e ai suoi studi. Tant'è vero che tutto questo nel quadro è detto nel modo assolutamente esplicito, come i due libri riconoscibili che si notano: uno è il libro dei fratelli Goncourt che si svolge nel mondo dei pittori, con un pittore che muore suicida, guarda caso a questo punto al suicidio di van Gogh mancano pochi giorni; l'altro è un dramma che si svolge, anch'esso, su uno sfondo di tragedia nel mondo dei pittori. La pianta che si vede al centro del quadro è una pianta officinale, perfettamente riconoscibile, dalla quale veniva distillato un succo che serviva proprio come cura della melancolia: ecco svelato tutto. Questo quadro, un po' ritratto e un po' autoritratto, è una specie di descrizione scientifica di cosa sia la melancolia, tant'è vero che, leggendo quel libro di Gachet sulla melancolia, si ritrovano esattamente gli spunti che ispirano questo quadro. Per esempio, dice Gachet "Il melancolico si contrae nello spazio, la sua fisonomia si deforma e gli si formano 3 linee verticali al centro delle sopracciglia". Naturalmente a questo punto era forte la tendenza fisonomica, in questa cultura ottocentesca, e dunque questo quadro è la descrizione scientifica del melancolico, così come l'aveva descritta Gachet nei suoi studi. Questo dipinto è una sorta di auto diagnosi che van Gogh si fa con l'aiuto di Gachet e che lo prepara all'ultimo atto della sua vita.

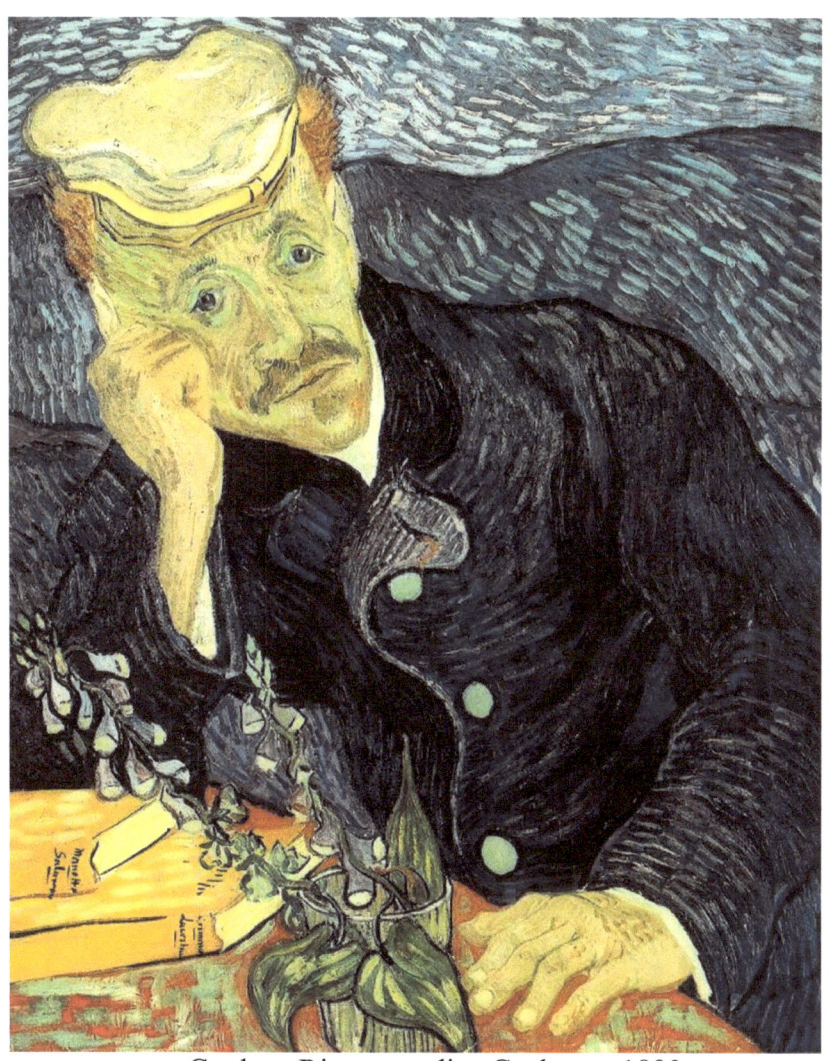

van Gogh, Ritratto di Gachet, 1890, Collezione privata.

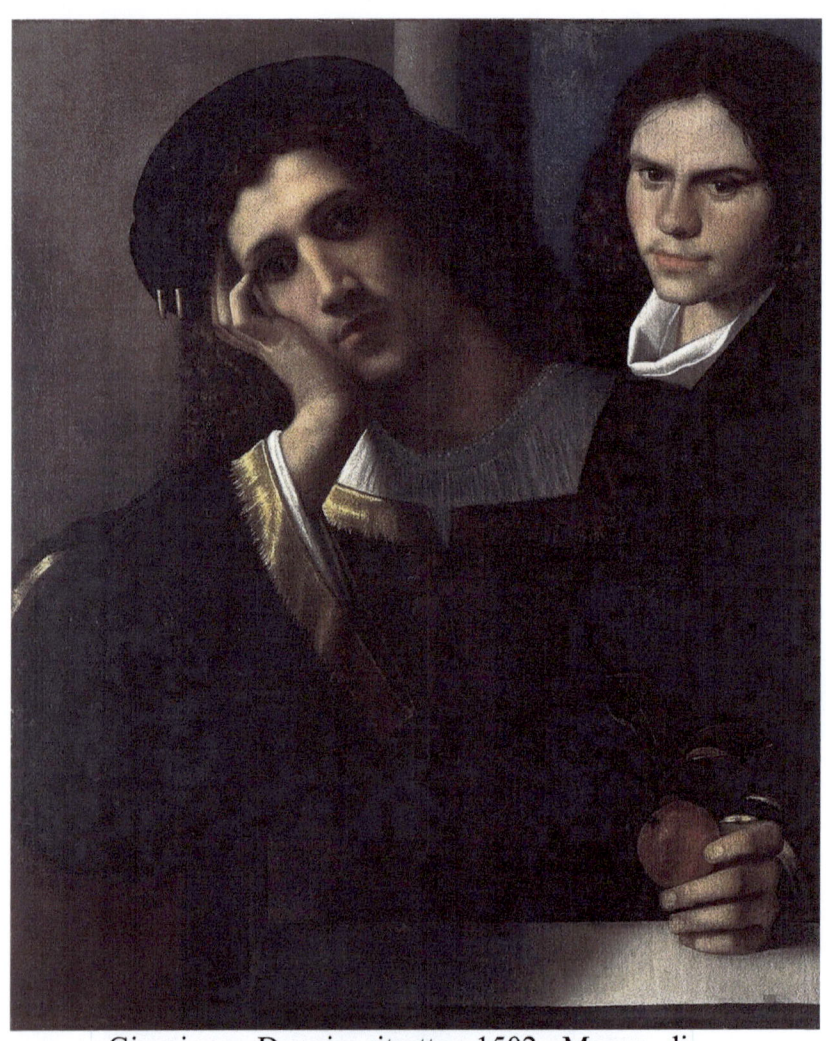

Giorgione, Doppio ritratto, 1502, Museo di
Palazzo Venezia, Roma.

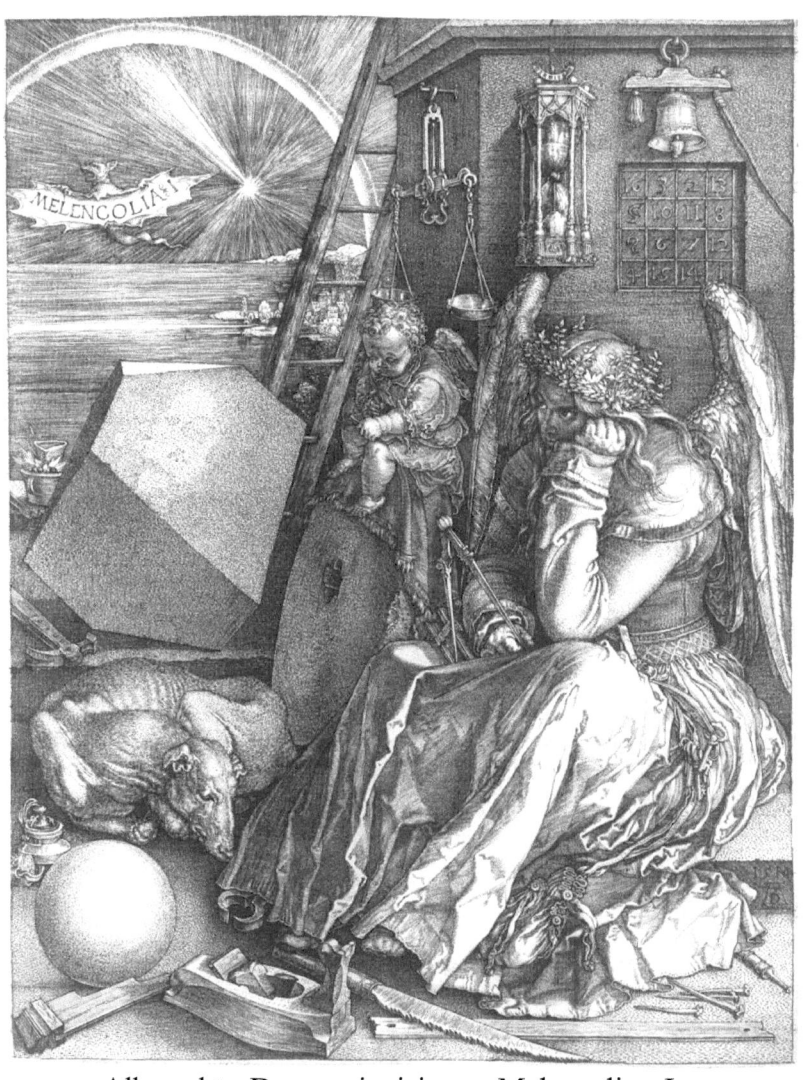

Alberecht Durer, incisione Melancolia I,
Staatliche Kunsthalle, Karlsruhe, 1514.

Campo di grano con volo di corvi

L'ultimo capolavoro estremo di Vincent van Gogh è il famoso Campo di grano con volo di corvi. Probabilmente non è stato l'ultimo quadro dipinto da lui, ma è suggestivo immaginare che le cose siano andate così. Fatto sta che, effettivamente, un certo giorno van Gogh è uscito dall'albergo in cui risiedeva ad Auvers, con una pistola in tasca, e si è messo a dipingere nei campi. L'artista dirà "Ho visto un enorme vento dell'universo fuori ed un'assenza di vento dentro". Io credo che, in realtà, la malattia di van Gogh dopo Freud sarebbe stata perfettamente identificabile come psicosi maniaco-depressiva: una sindrome bipolare in cui ad una fase di euforia segue una fase di depressione. La melancolia arriva all'improvviso e sono convinto che quegli 80 quadri dipinti in 60 giorni, van Gogh li ha dipinti perché si trovava in piena sindrome di euforia (la fase maniacale della malattia) che gli ha permesso di avere questa grande energia per poter dipingere tanti quadri e tanti capolavori. Successivamente, secondo me, all'improvviso è piombata la depressione e così in un certo giorno l'artista, con una pistola in tasca, nei campi ha visto l'energia del mondo e l'assenza di energia in sé stesso. Vincent ha visto nel cielo una specie di inchiostro occupato da nuvole realizzate da scocchi di pennello. È un cielo maligno, in qualche modo, mentre nel campo giallo l'artista ha visto un qualcosa che assomiglia a una mareggiata di grando. La strada fatta di rosso e di verde (le terribili passioni umane) è improbabilissima, ed i corvi neri rappresentano una natura avversa, incomprensibile ed infinitamente più forte dell'uomo. È un vento che spazza ogni capacità e possibilità di difesa dell'uomo. In questo vento tormentato van Gogh si sente sopraffatto dagli eventi e nella sua depressione si è sparato un colpo di pistola. Tuttavia è riuscito a tornare in albergo, ha detto quello che gli era accaduto, si è messo a letto ed è sopravvissuto ancora per un giorno a letto: seduto sul letto e fumando la pipa. Nel frattempo è arrivato il fratello da Parigi, e quando Theo arriva van Gogh gli confida "adesso non lo farei più". L'artista, dopo aver dormito nelle ore precedenti, si era leggermente ripreso e aveva ritrovato quelle energie che aveva perso nei mesi precedenti. Quel che è certo è che le ultime parole di van Gogh sono state queste "Adesso non lo farei più". Questo è il momento nel quale in un alberghetto di Auvers muore un gigante, forse l'ultimo che ha avuto ambizioni totalizzanti, l'ultimo che ha osato investire la pittura di responsabilità che normalmente toccano alle religioni e dunque a un qualcosa che va aldilà della dimensione tecnica dell'arte. Le idee di van Gogh vengono riprese dalla cultura espressionista che sta per partire. Un paio di anni dopo arrivano i primi capolavori di Munch e mancano solo 20 anni ai grandi capitoli dell'Espressionismo tedesco, ma quel che è certo è che dopo van Gogh la verità non è più stata, seriamente, minacciata da nessuno, chiudendo le porte. Ciò che troviamo nell'opera di van Gogh non è né la riproduzione en plain air, come in questo dipinto, né di interno di una realtà così come essa si è data e manifestata, bensì è una proiezione del proprio stato d'animo e della propria dimensione di sofferenza sulla realtà. In un quadro come questo noi vediamo un idillio senza idillio, noi vediamo una divisione molto precisa, con la linea d'orizzonte in cui si estende il campo di grano ed il cielo azzurro variegato. È un cielo che tende al blu carico, come se ci fosse un turbamento e una perturbazione della psiche di van Gogh, che si trasmette alla natura, a sua volta, perturbata. Il campo giallo è diviso in due lunghe fasce. La strada al centro è un cammino che indirizza verso il lievitare dell'orizzonte, cui, peraltro, non è dato di arrivare, se non verso il niente. Percorrendo questa strada non si va da nessuna parte, è un viaggio al termine della coscienza. È una strada in cui non si avrà né compagni di cammino né una destinazione, è una strada che va verso il nulla. In questa divisione in due fasce, van Gogh inserisce questa strada che è come un taglio, una ferita, è una strada che sembra obbligata, ma se a qualcosa essa conduce altro non è che un luogo di morte. Sull'orizzonte si stampano le ombre, difatti, di corvi. Sono dei corvi che vanno a cercare, evidentemente, qualcosa che ha a che fare con la morte, su cui essi riversano la loro spinta maligna e malefica. Ecco, dunque, la componente potentemente simbolica: è un quadro che non è semplicemente un campo di grano con volo di corvi, bensì quello stesso volo di corvi simboleggia i segnali di una dimensione tormentata. La pittura di van Gogh, che sembra rinunciare anche alle grazie della leggerezza del colore e della trasparenza luminosa, sembra spremuta direttamente dal tubetto e si fa corposa, spessa, materica. È una pittura in cui la densità del colore sembra corrispondere a stati d'animo potentemente alterati. La forza di van Gogh è appunto, quindi, di dipingere non la realtà che ha davanti, bensì la propria condizione interiore attraverso un pretesto di visione di paesaggio, di interno, di cielo stellato. Quel cielo stellato è il luogo del suo tormento, del suo incubo, è una dimensione di potente oppressione sentimentale che è presente anche in questo quadro di natura. In questo quadro ci sentiamo costretti, schiacciati e compressi nel rischio e nel pericolo di questi corvi, che non sono reali: essi girano intorno alla testa come le mosche che ossessionavano Maupassant. Questi corvi sono un riferimento che rappresentano un disturbo alla mente, rappresentano una follia mentale. E dunque, questo capolavoro è in realtà l'espressione di uno stato d'ansia, d'inquietudine, di follia, e lo sentiamo tutto: è un quadro che non ci dà pace, che non ci comunica la serenità di una campagna ed è esattamente l'opposto della visione che van Gogh ha di un campo di grano con papaveri. A differenza di quest'ultimo, in questo quadro di corvi la natura è matrigna, è una natura che ha dentro di sé delle spinte malefiche. Ecco, di questo male van Gogh è il pittore più grande: egli dipinge il male della natura e la condizione di crudeltà. Montale, ispirandosi forse a un'opera come questa, aveva marcato diverse volte che aveva incontrato il male di vivere. Ecco possiamo definire questo quadro come il Male di vivere.

Biografia dell'autore

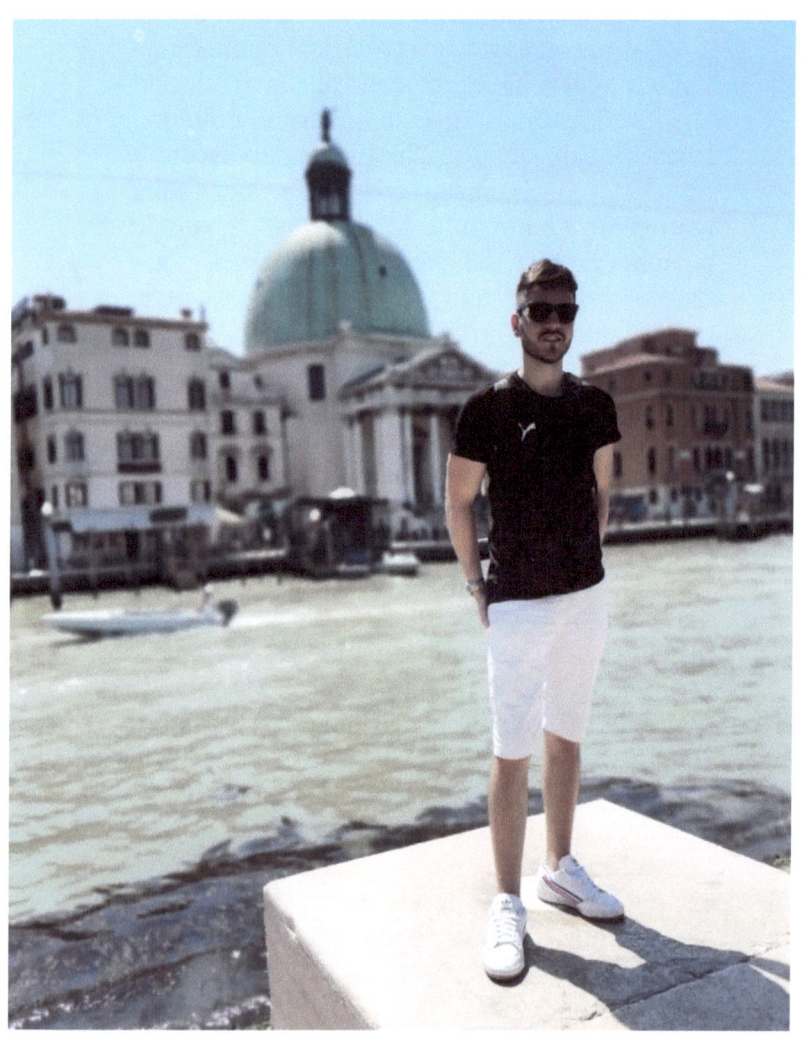

Nato a Gela (CL) il 25/03/1997, Dario Romano è laureato in Lingue e Culture Moderne all'università Kore di Enna ed è un esperto dell'arte ed amante della natura e delle materie umanistiche. Ha già scritto numerose collane e libri su periodi storici artistici e architettonici come il Rinascimento, il Barocco ed il Neoclassicismo e su artisti come Tiziano, Canova, Caravaggio, Velazquez, Canaletto, Tiepolo, Rembrandt, Rubens e tantissimi altri. Dario ha lavorato come guida su Leonardo da Vinci alla mostra "Leonardo ed il genio del volo" che si è tenuta presso il teatro Eschilo di Gela nel 2023, occupandosi del lato ingegneristico-architettonico del periodo storico del Rinascimento e delle figure di Vitruvio, Leonardo da Vinci e contemporanei. Alla passione per la lingua spagnola, la musica (compone e suona la chitarra elettrica per hobby) e i viaggi culturali in città d'arte ed in luoghi naturali, unisce quella della scrittura di libri di arte e di bellezze naturali. Dario è anche proprietario e fondatore del blog Arte Divulgata, uno spazio in cui si impegna a divulgare, criticare e analizzare l'arte, spesso anche in relazione ad altre forme d'arte come la letteratura e tante altre, attraverso dei confronti tra artisti.

van Gogh, punti salienti:
Vincent van Gogh

Vincent van Gogh nacque in Olanda nel 1853. Si impiegò dal 1869 presso la Galleria d'arte Goupil a Parigi. Tornato in Olanda si iscrisse alla scuola di evangelizzazione, per diventare pastore come il padre. Lavorò in miniera in Belgio, vivendo tra miseria e tormenti. A quasi 30 anni decise di dedicarsi interamente alla pittura, realizzando disegni e acquerelli di tema sociale. A Parigi si accostò alla pittura impressionista e conobbe Gauguin con il quale instaurò una grande amicizia. Dopo Parigi si trasferì ad Arles, entusiasta della luce e dei colori accesi della Provenza: realizzò alcune delle sue opere più significative. Durante un litigio con Gauguin, che lo aveva raggiunto ad Arles, si tagliò un orecchio, fu internato nell'ospedale psichiatrico a Saint-Rémy de Provence per depressione. Dipinse soprattutto ritratti e paesaggi ed infine morì suicida a 37 anni, dopo due giorni di agonia per un colpo di pistola nel 1890. L'artista visse una vita inquieta. Inizialmente convinto di poter svolgere una missione di solidarietà presso i poveri e gli emarginati, rimase deluso per le incomprensioni che hanno sempre caratterizzato il suo rapporto con gli altri. A contatto con i minatori e i contadini, inizialmente van Gogh maturò un'arte realista, derivata da Millet.

Nel 1886 van Gogh raggiunse a Parigi il fratello Theo, mercante d'arte, che gli fece conoscere la pittura impressionista. L'artista fu esaltato dai colori luminosi e puri di questi artisti, schiarì le sue tele e applicò con entusiasmo la tecnica puntinista, ma con tratti separati ed evidenti. Iniziò una lunga serie di autoritratti, composizioni floreali e vedute di città. La salute incerta ed il desiderio di approfondire lo studio della natura sotto gli effetti di un sole più vivo, lo portarono a trasferirsi, all'inizio del 1888, ad Arles, in Provenza. Nel dipinto della Camera da letto ad Arles, l'artista mostra la sua stanza durante il suo soggiorno ad Arles, con il letto a destra, due sedie di paglia e un tavolino con poche suppellettili. La stanza diviene il riflesso dell'ordine mentale e della tranquillità in cui l'artista vorrebbe poter vivere ad Arles. Gli oggetti occupano tutta la composizione, basata su una prospettiva sghemba, che disorienta l'osservatore. Sulle pareti si possono osservare anche alcuni quadri, tra i quali due autoritratti. Le tinte sono piatte, a pieno impasto, e i colori sono accesi, dominati dalla macchia rossa al centro. Del dipinto esistono 3 versioni.

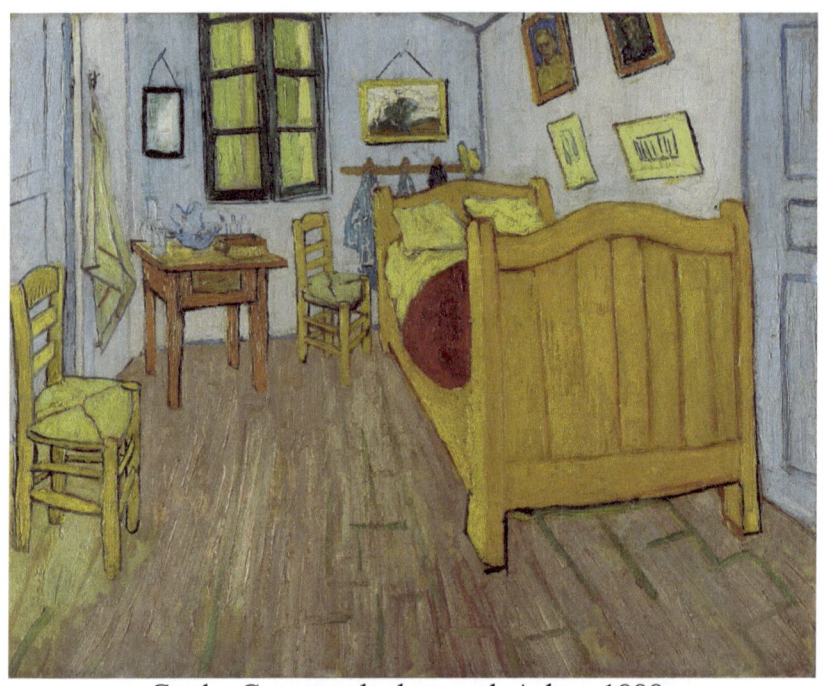

van Gogh, Camera da letto ad Arles, 1888,
van Gogh Museum, Amsterdam.

Da Parigi alla Provenza

Nel dipinto "Campo di grano con falciatore e sole" l'artista rappresenta un'intensa luminosità del sud della Francia e con l'amico Gauguin (col quale poi ebbe un violento litigio), scoprì quella che definiva "la potenza del colore" e rafforzò ulteriormente i toni cromatici, rendendoli a tratti freddi e violenti ed a tratti caldi e intensi. Al colore affidò l'espressione dei suoi stati d'animo: nei suoi dipinti è usato in modo non naturalistico, ma "consapevolmente arbitrario", ovvero libero e innaturale, in toni puri e luminosi, anticipando l'Espressionismo. Anche la linea si fece più marcata, usata come contorno o come successione ritmica di tratti colorati o come segno irregolare. Non abbandonò mai il riferimento alla realtà, considerando il mondo naturale come principale fonte d'ispirazione. Scrivendo al fratello Theo dal manicomio di Saint-Rémy ai primi di luglio del 1889, van Gogh descrive il suo lavoro del Campo di grano con cipressi, iniziato a giugno: "Ho una tela di cipressi con alcune spighe di grano, alcuni papaveri, un cielo blu come un pezzo di plaid scozzese; dipinto con un impasto denso…e il campo di grano al sole, che rappresenta il calore, molto spesso eccessivo". L'artista considerava questo paesaggio assolato come una delle sue migliori opere a soggetto estivo.

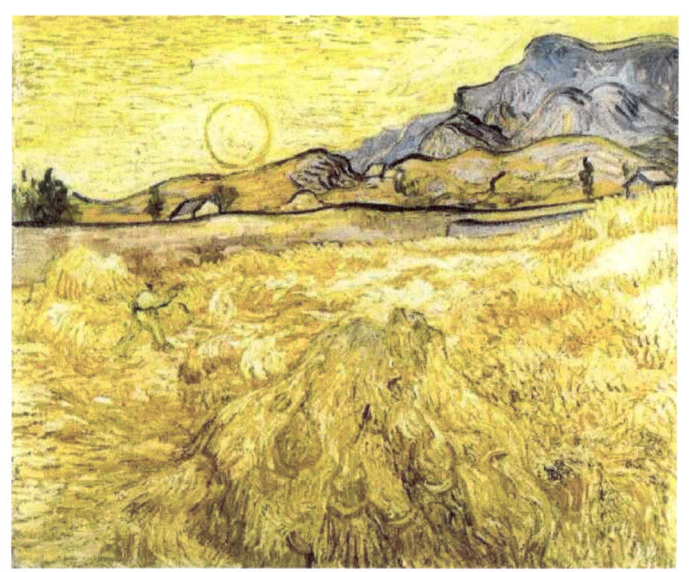

van Gogh, Campo di grano con falciatore e sole, 1889, Kroller-Muller Museum, Otterlo.

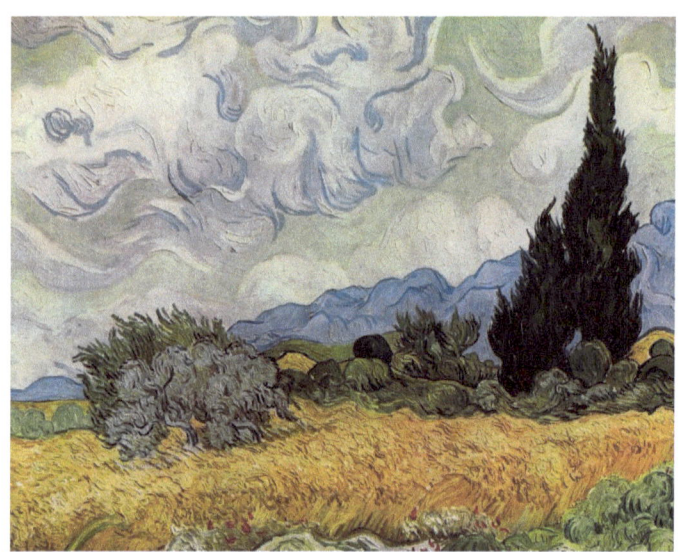

van Gogh, Campo di grano con cipressi, 1889, Metropolitan Museum, New York.

Nel 1890, in una lettera al fratello Theo, van Gogh definì i suoi quadri "un grido d'angoscia". Campo di grano con corvi è il testamento artistico e spirituale dell'artista anche perché dipinto pochi giorni prima del suicidio e l'atmosfera è carica di presagi di morte, simboleggiati dai corvi. La sua instabilità psicologica era stata accentuata dai problemi economici e di salute della famiglia di Theo, cui l'artista era fortemente legato, e trasferitosi ad Auvers-sur-Oise, nei dintorni di Parigi, chiuso ina profonda solitudine, la sera del 27 luglio tentò il suicidio con un colpo di pistola, morendo 2 giorni dopo. I colori, troppo carichi, perdono la loro luminosità e manca qualsiasi elemento gioioso, nonostante la presenza dell'accoppiamento giallo-blu a cui l'artista attribuiva un significato quasi mistico e le pennellate sono stese quasi con rabbia, ben evidenti e separate tra loro, sono rotte e spigolose e mostrano la disperazione dell'artista. Indicativo dello stato d'animo: il contrasto tra una parte e l'altra del dipinto, il blu cupo del cielo e il giallo del grano e l'arancione delle strade di campagna dipinte nella parte inferiore e il verde dell'erba che segna i bordi delle strade.

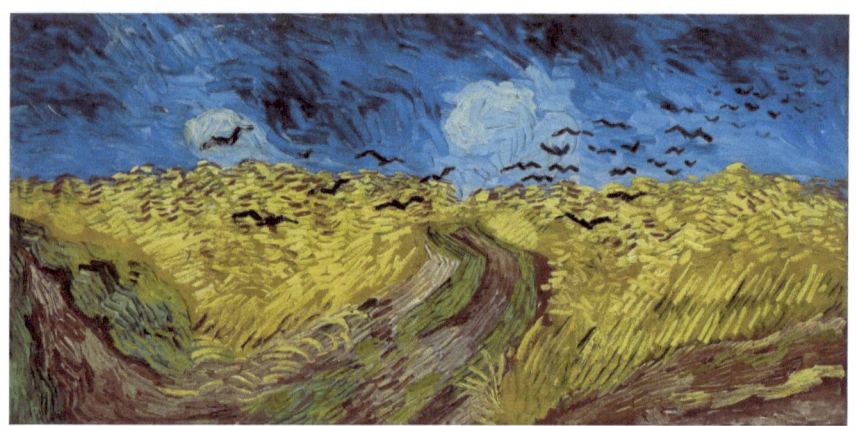
van Gogh, Campo di grano con volo di corvi,
1890, van Gogh Museum, Amsterdam.

Gli autoritratti di van Gogh

L'artista realizzò molti autoritratti negli anni tra il 1886, corrispondente all'incontro con la pittura impressionista, e il 1890, anno della sua morte. Si può ricostruire la storia artistica e umana del pittore: ogni fase psicologica della sua vita è testimoniata da almeno un'opera in cui rappresenta se stesso. Vi sono alcuni elementi ricorrenti: la posizione di tre quarti, l'accentuata spigolosità del volto e lo sguardo proiettato lontano. Così Vincent, emarginato e incapace di creare e mantenere rapporti felici con gli altri, afferma l'importanza della propria persona, cercando nell'autoritratto quasi un riscatto alla propria solitudine. Con queste opere afferma che l'arte è espressione profonda della vita interiore dell'artista e che proprio questo è il vero soggetto della creazione artistica.

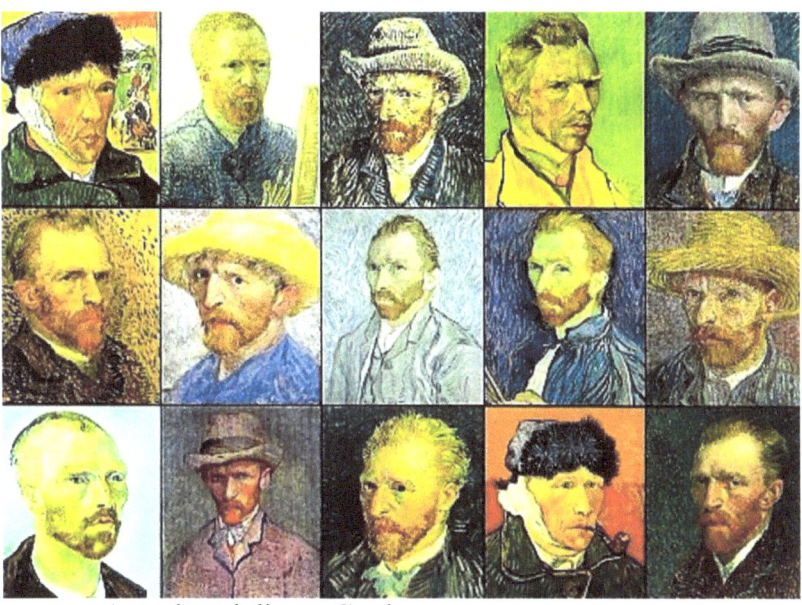

Autoritratti di van Gogh.